LE BEAU JEU
DE LA JOLIE POUPÉE
DE LA PETITE FILLE
BIEN OBÉISSANTE,

Avec des Alphabets, un Syllabaire et des Historiettes

POUR AMUSER MES PETITES AMIES.

19675
(1718)

LE BEAU JEU
DE LA JOLIE POUPÉE
DE LA PETITE FILLE
BIEN OBÉISSANTE.

A PARIS,
chez DELARUE, Libraire, quai des Augustins, 11;
LILLE, chez BLOCQUEL-CASTIAUX.

A B C D E
F G H I J
K L M N
O P Q R
S T U V
W X Y Z.

a b c d e f g
h i j k l m n
o p q r s t u
v w x y z fi fl.

a b c d e f g
h i j k l m n
o p q r s t u
v w x y z fi fl.

a	e	i ou y	o	u
ba	be	bi	bo	bu
ca	ce	ci	*co*	*cu*
da	de	di	do	du
fa	fe	fi	fo	fu
ga	ge	gi	*go*	*gu*
ha	he	hi	ho	hu
ja	je	ji	jo	ju
ka	ke	ki	ko	ku
la	le	li	lo	lu

ma	me	mi	mo	mu
na	ne	ni	no	nu
pa	pe	pi	po	pu
qua	que	qui	quo	quu
ra	re	ri	ro	ru
sa	se	si	so	su
ta	te	ti	to	tu
va	ve	vi	vo	vu
xa	xe	xi	xo	xu
za	ze	zi	zo	zu

Pa pa.
Ma man.
Fan fan.
Ga teau.
Jou jou.
Na non.
Da da.
Tou tou.
Pou pée.
Dra gée.

Bon bon.
Vo lant.
Rai sin.
Jar din.
Se rin.
Voi sin.
Bam bin.
Poi re.
Pom me.
Cou teau.

Bo bo.
Cha peau.
Bo nnet.
Bé guin.
A ba ttu.
A bo lir.
Ba bi llard.
Ba di ner.
Ca ba ne.
Ca ba ret.

Voilà

la petite Fille

bien

obéissante.

Voilà la petite Fille bien obéissante.

Voilà
la jolie Poupée
de la petite Fille
bien obéissante.

Voilà la jolie Poupée de la petite Fille bien obéissante.

Voilà
le berceau
de la jolie Poupée
de la petite Fille
bien obéissante.

Voilà le berceau de la jolie Poupée de la petite Fille bien obéissante.

Voilà l'ouvrier
qui a fait le berceau
de la jolie Poupée
de la petite Fille
bien obéissante.

Voilà l'ouvrier qui a fait le berceau de la jolie Poupée de la petite Fille....

Voilà
l'aimable enfant
de l'ouvrier qui a fait
le berceau
de la jolie Poupée
de la petite Fille
bien obéissante.

Voila l'aimable enfant de l'ouvrier qui a fait le berceau....

Voilà
la grande sœur
de l'aimable enfant
de l'ouvrier
qui a fait le berceau
de la jolie Poupée
de la petite Fille
bien obéissante.

Voilà la grande sœur de l'aimable enfant de l'ouvrier....

Voilà
le chapeau
fait par la grande sœur
de l'aimable enfant
de l'ouvrier
qui a fait le berceau
de la jolie Poupée
de la petite Fille
bien obéissante.

Voilà le chapeau fait par la grande sœur de l'aimable enfant....

Voilà l'armoire où l'on a renfermé le chapeau fait par la grande sœur du petit garçon de l'ouvrier qui a fait le berceau de la jolie Poupée de la petite Fille bien obéissante.

Voilà l'armoire où l'on a renfermé le chapeau fait par la grande sœur....

Figure et Valeur des Chiffres.

Un	Deux	Trois	Quatre	Cinq	Six
1	2	3	4	5	6

Sept	Huit	Neuf	Dix	Vingt
7	8	9	10	20

Trente	Quarante	Cinquante	Soixante
30	40	50	60

Soixante-dix	Quatre-vingts	Quatre-vingt-dix
70	80	90

Cent	Mille
100	1,000

FIN.

TYP. DE BLOCQUEL, A LILLE.

www.ingramcontent.com/pod-product-compliance
Lightning Source LLC
Chambersburg PA
CBHW060707050426
42451CB00010B/1307